Les mots autour de nous

de nous

Un vocabulaire illustré

HAYES
PUBLISHING LTD.

3312 Mainway, Burlington, Ontario L7M 1A7

Les mots autour de nous

Un vocabulaire illustré

Tim O'Halloran

AUTOUR DE LA MAISON

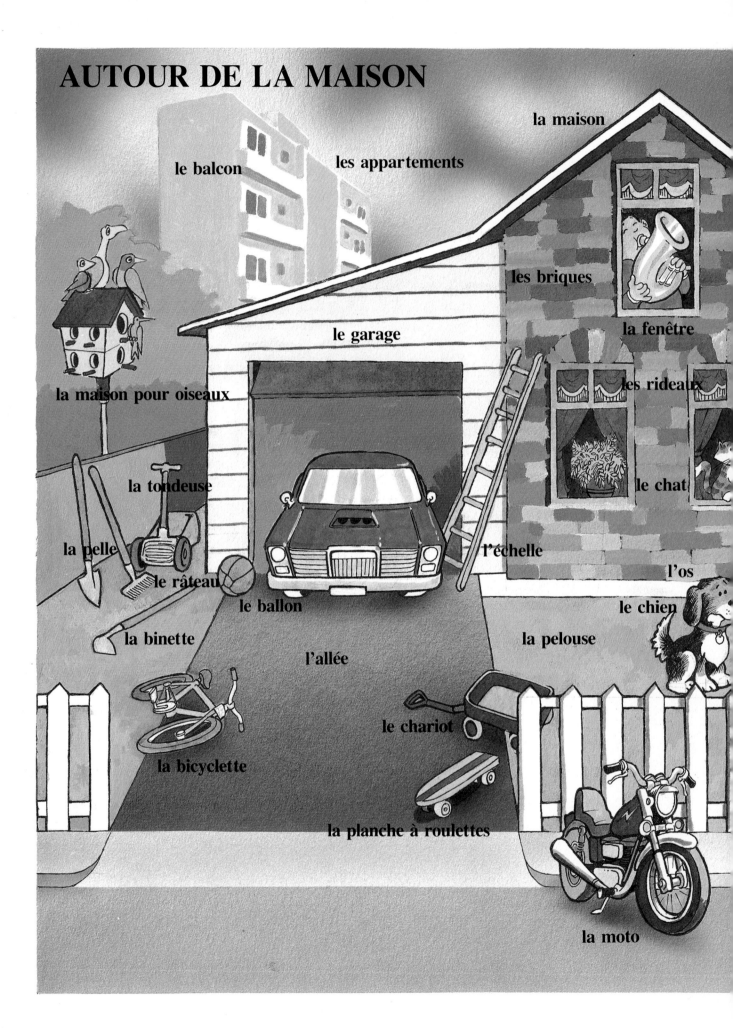

la maison

le balcon

les appartements

les briques

le garage

la fenêtre

les rideaux

la maison pour oiseaux

la tondeuse

le chat

la pelle

le râteau

l'échelle

l'os

le ballon

le chien

la binette

la pelouse

l'allée

le chariot

la bicyclette

la planche à roulettes

la moto

la cheminée

le toit

l'écureuil

la lampe

la porte

la boîte à lettres

le jardin

les buissons

le voisin

le tricycle

le tuyau d'arrosage

les cisailles

la piscine

la haie

la clôture

la bouche d'incendie

le couvercle d'égout

l'égout

L'HEURE DU LEVER

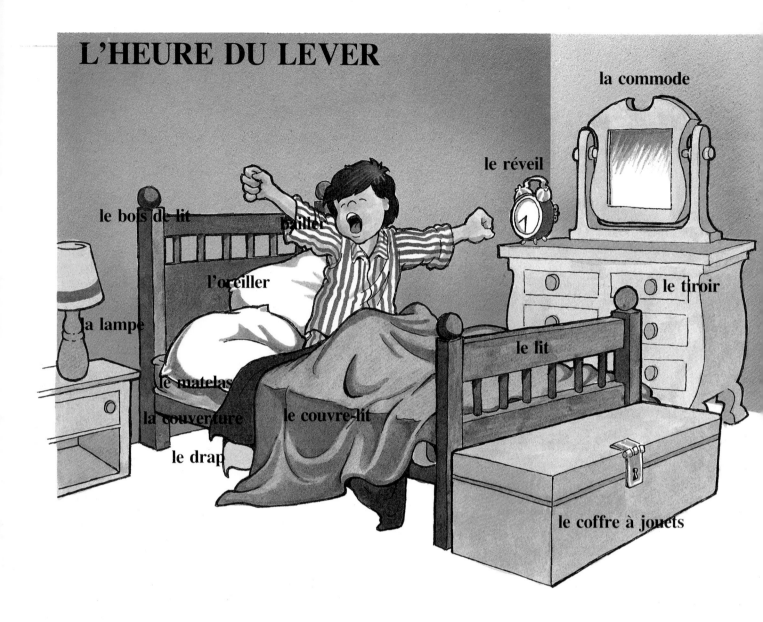

la commode

le réveil

le bois de lit

bâiller

l'oreiller

la lampe

le tiroir

le matelas

le lit

la couverture   le couvre-lit

le drap

le coffre à jouets

Chaque grande image de ce livre contient
quelque chose qui ne devrait pas s'y trouver.
À toi de le découvrir et de le nommer.

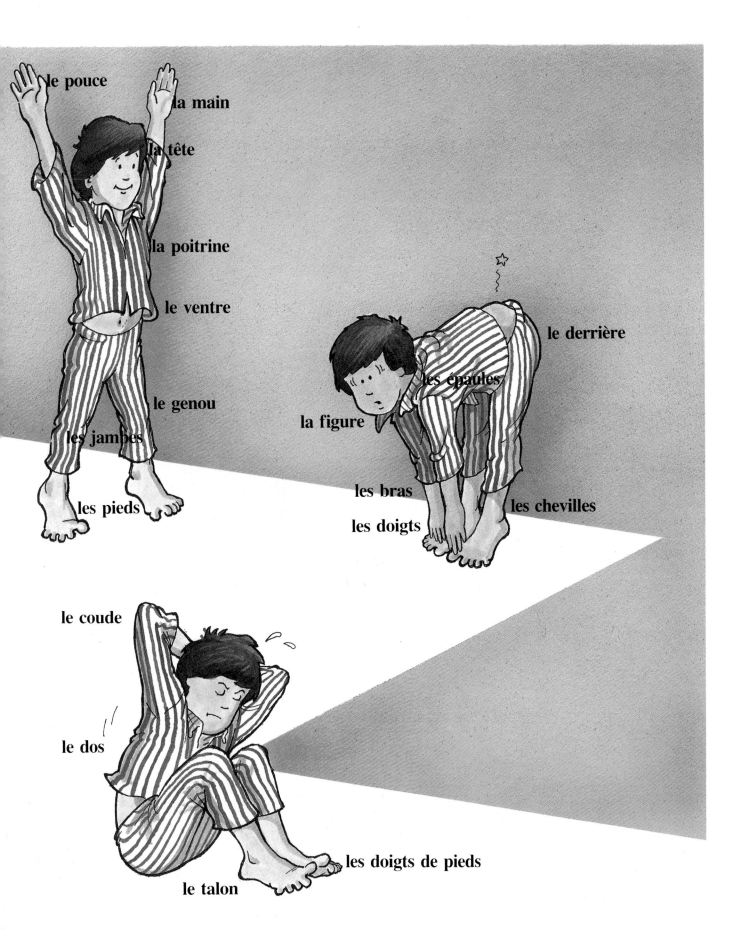

le pouce

la main

la tête

la poitrine

le ventre

le genou

les jambes

les pieds

le derrière

les épaules

la figure

les bras

les chevilles

les doigts

le coude

le dos

les doigts de pieds

le talon

POUR SE LAVER

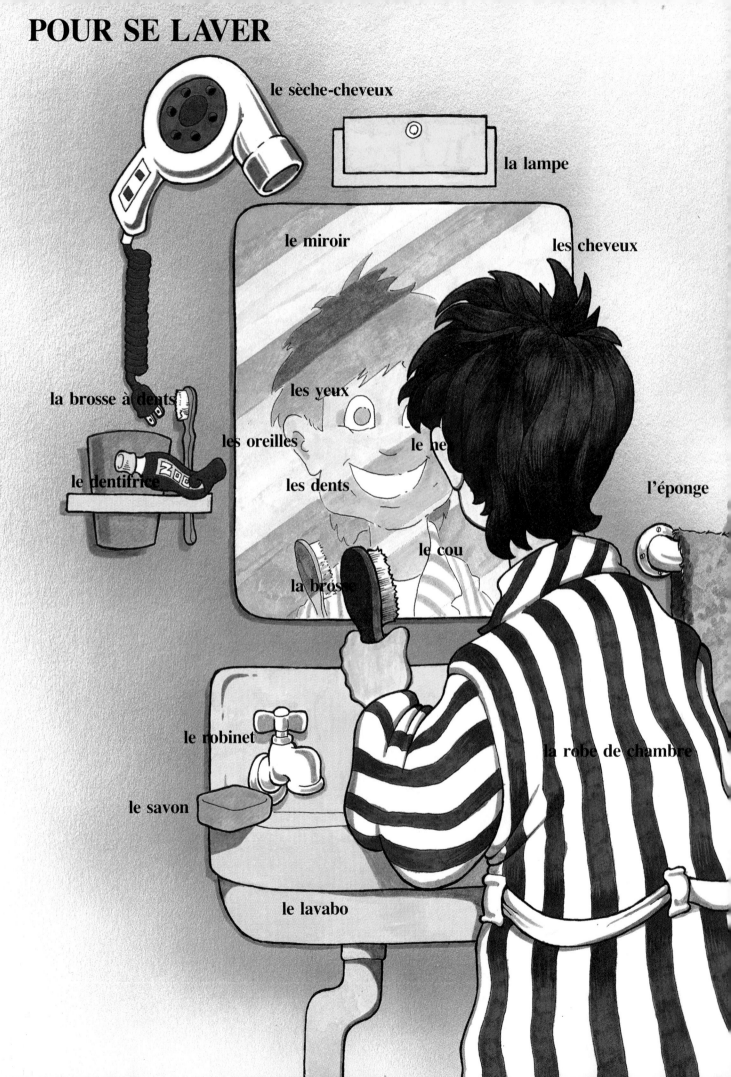

le sèche-cheveux

la lampe

le miroir

les cheveux

les yeux

la brosse à dents

les oreilles

le ne

l'éponge

le dentifrice

les dents

le cou

la brosse

le robinet

la robe de chambre

le savon

le lavabo

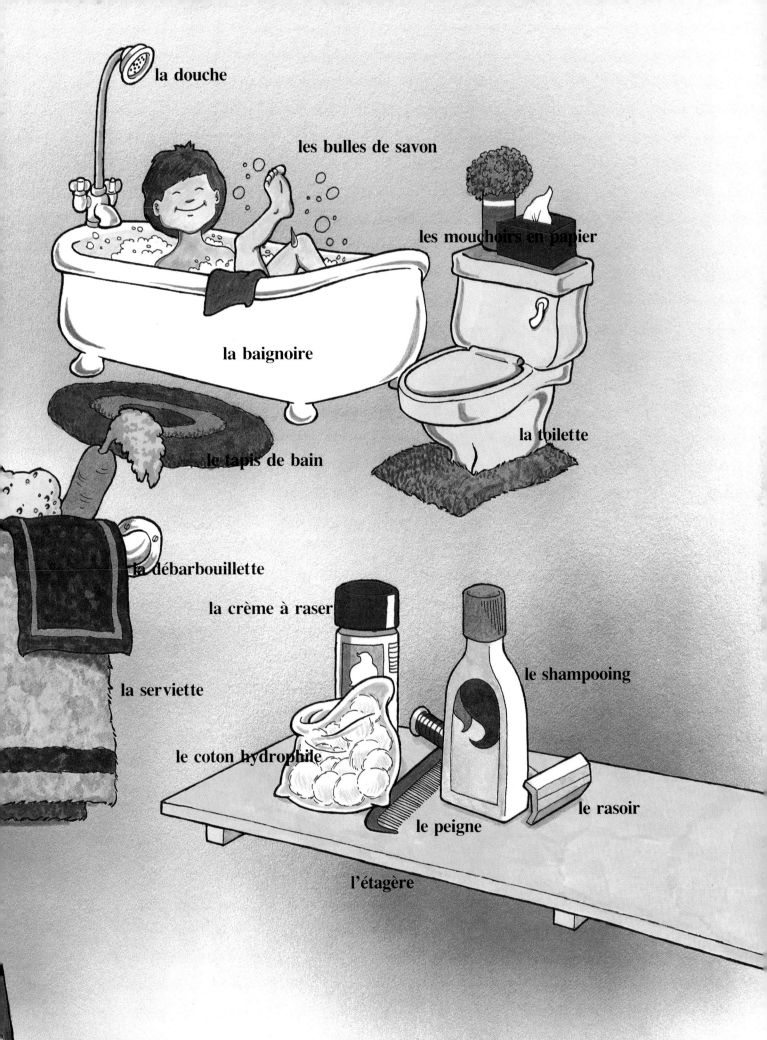

la douche

les bulles de savon

les mouchoirs en papier

la baignoire

la toilette

le tapis de bain

la débarbouillette

la crème à raser

le shampooing

la serviette

le coton hydrophile

le peigne

le rasoir

l'étagère

9

POUR S'HABILLER

les boutons

la sécheuse

le slip

la ceinture

la machine à laver

le maillot de bain

le chandail

le survêtement

le teeshirt

le fermeture éclair

les jeans

la jupe

le poignet

la cravate

10

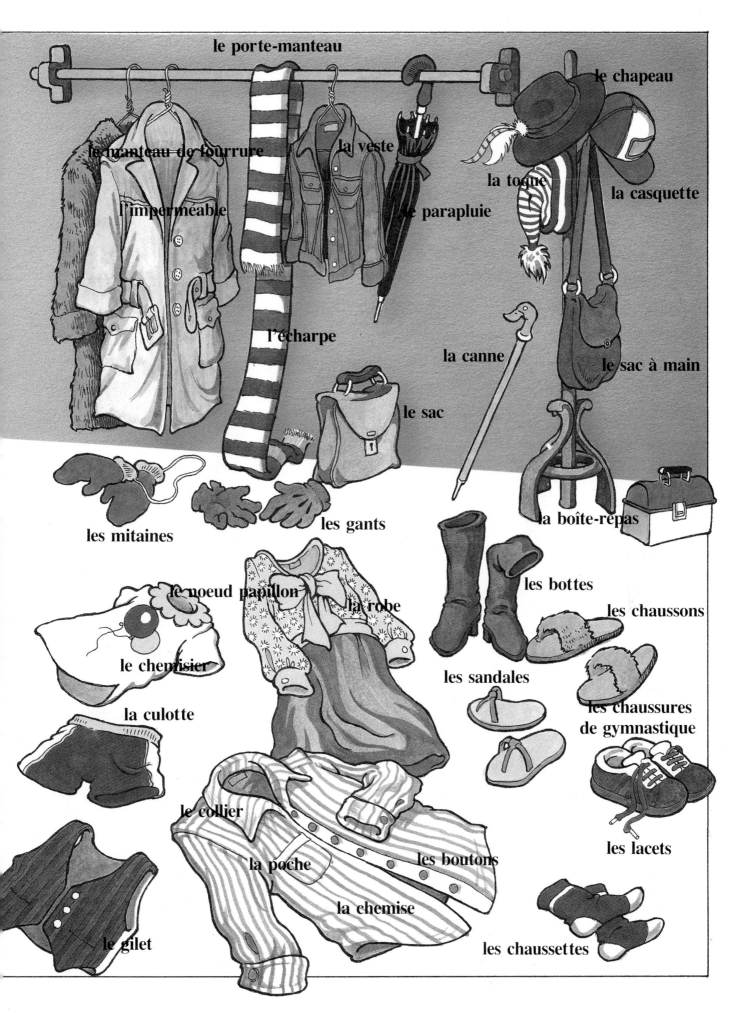

le porte-manteau

le chapeau

le manteau de fourrure

la veste

la toque

la casquette

l'imperméable

le parapluie

l'écharpe

la canne

le sac à main

le sac

la boîte-repas

les mitaines

les gants

les bottes

les chaussons

le noeud papillon

la robe

les sandales

le chemisier

les chaussures de gymnastique

la culotte

les lacets

le collier

les boutons

la poche

la chemise

le gilet

les chaussettes

11

À LA CUISINE

l'horloge

le réfrigérateur

le garçon
le fils
le frère

la prise de courant

la cire

le grille-pain

la fille
la soeur

le balai

la poubelle

la serpillière

le seau

l'escalier

les céréales

la planche à repasser

la cuillère

la table

le bébé

le verre

le beurre

le fer à repasser

le bol

le ketchup

la tartine rôtie

le poivre

le sucre

le sel

la fenêtre

placard

l'homme
le père
le mari

les moufles de four

la vaisselle

le robinet

marmite

le torchon

la boîte à biscuits

le mélangeur

la bouilloire

la femme
la mère

tabouret

tiroir

la prise

la cuisinière

le bol du chien

BOWLER

la théière

le comptoir

le couteau

la chaise

le four

l'assiette

la fourchette

le plancher

la tasse

13

DANS L'AUTOBUS

la barre

les astronautes

le cuisinier

le soldat

le clown

la danseuse

le pêcheur

la hache

le bûcheron

le filet

le fermier

le pompier

la femme-agent

le conducteur d'autobus

la salopette

le casque

les bottes

la boîte-repas

le mineur

EN VILLE

les poteaux indicateurs

le laveur de carreaux

l'hôpital

Piétons arrêtez

Piétons passez

le cinéma

la sirène

l'ambulance

le métro

la chaussée

le parcomètre

16

la grue

le gratte-ciel

ENCON

le drapeau

le réverbère

la caserne des pompiers

la banque

le camion de pompiers

l'autobus

le trottoir

les clous

la bordure de trottoir

la voiture de police

17

LA RUE

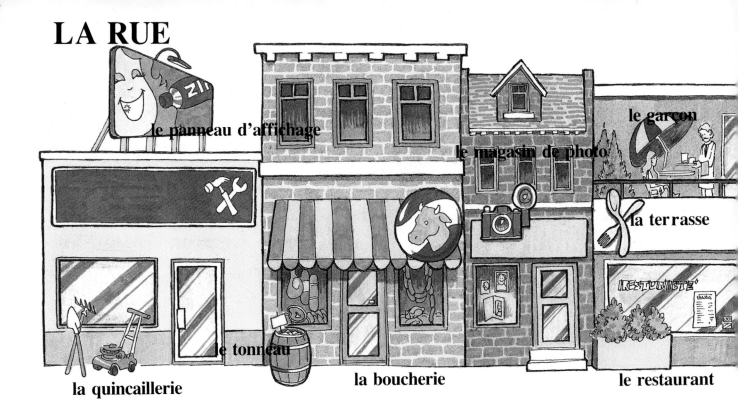

le panneau d'affichage

le garçon

le magasin de photo

la terrasse

le tonneau

la quincaillerie

la boucherie

le restaurant

LE CENTRE COMMERCIAL

la boutique

la cliente

la vendeuse

l'étalage

le cendrier

l'allée

la librairie

l'enseigne

le camion
de livraison

la jardinière

la boulangerie   le marchand de glaces

le disquaire

la pharmacie   le magasin de chaussures

l'affiche

le banc

le sac à provisions

LE MARCHÉ

les tartelettes

le plateau

le pain

le poissonnier

le poulet

le poisson

le boulanger

les poivrons

le bifteck

la laitue

le congélateur

la saucisse

le maïs

les haricots

les pommes de terre

le sac

les fraises

les bleuets

les cerises

les framboises

les oignons

le parasol

les bananes

les bouteilles

le fromage

le café

les oeufs

le beurre

le lait

les ananas

les champignons

la balance

la caisse

les tomates

les caisses

les pommes

les poires

le raisin

le tonneau

les oranges

les citrons

les pêches

LE DOCTEUR

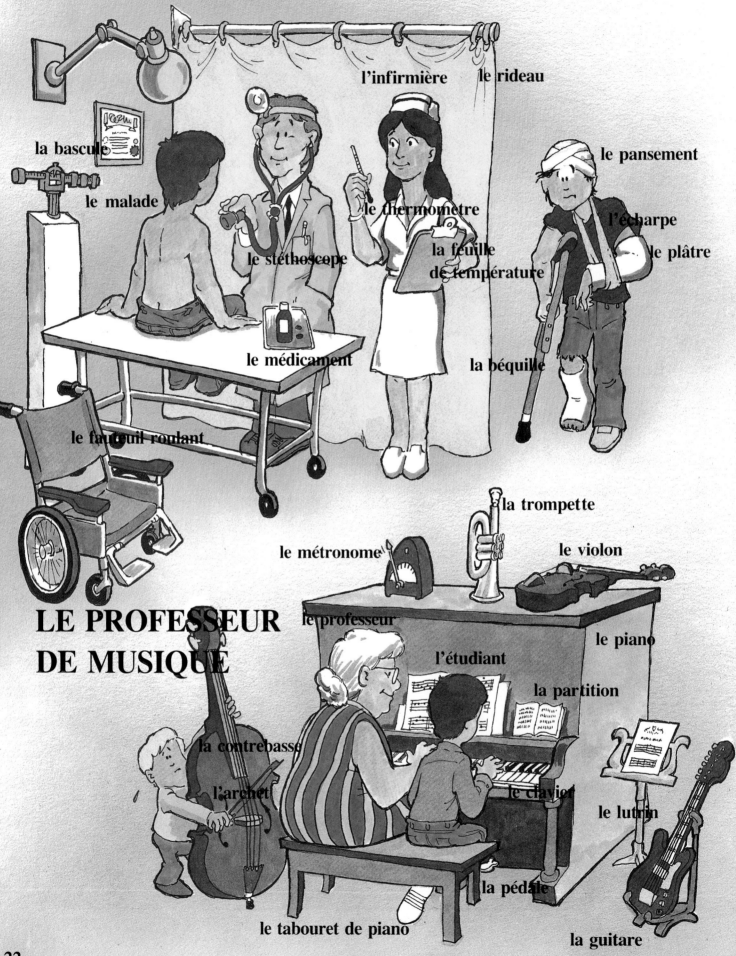

l'infirmière

le rideau

la bascule

le pansement

le malade

le thermomètre

l'écharpe

le stéthoscope

la feuille de température

le plâtre

le médicament

la béquille

le fauteuil roulant

la trompette

le métronome

le violon

LE PROFESSEUR DE MUSIQUE

le professeur

l'étudiant

le piano

la partition

la contrebasse

l'archet

le clavier

le lutrin

la pédale

le tabouret de piano

la guitare

LE DENTISTE

le tableau mural

le dentiste

la roulette

les lunettes

l'eau dentifrice

la timbale

le lavabo

LE COIFFEUR

le coiffeur

le peigne

le miroir

les ciseaux

la crème à raser

le livre

le rasoir électrique

le tablier

le fauteuil

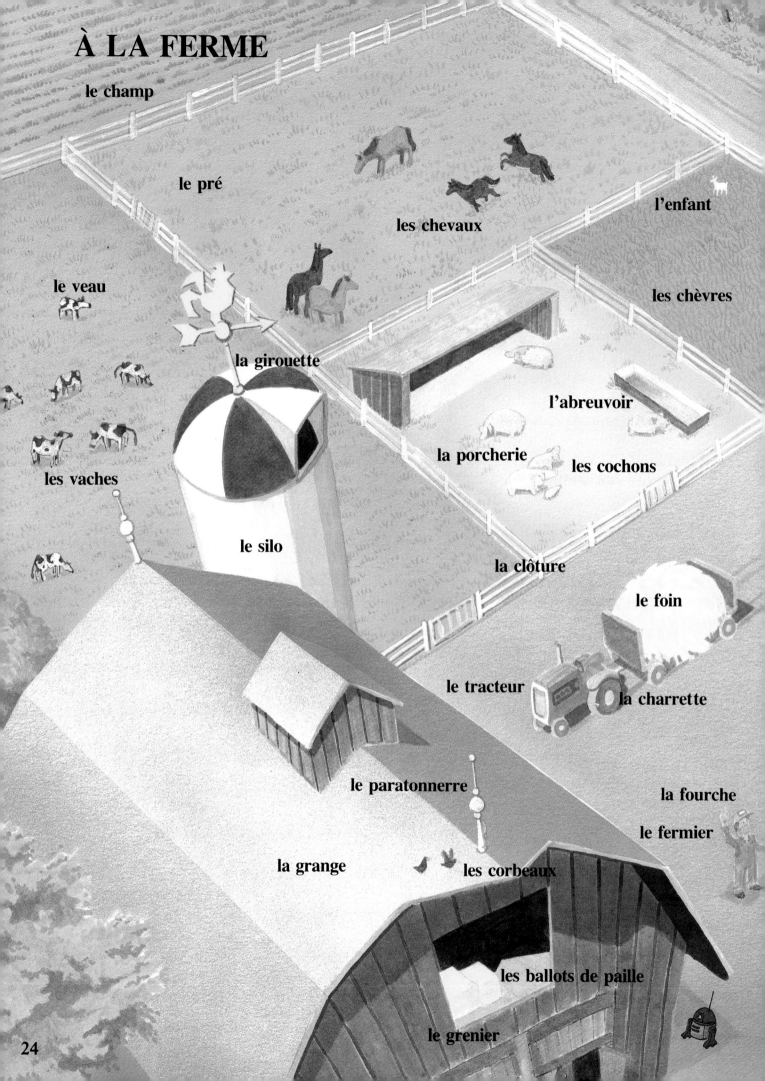

À LA FERME

le champ

le pré

les chevaux

l'enfant

le veau

les chèvres

la girouette

l'abreuvoir

la porcherie

les cochons

les vaches

le silo

la clôture

le foin

le tracteur

la charrette

le paratonnerre

la fourche

le fermier

la grange

les corbeaux

les ballots de paille

le grenier

24

le verger

l'épouvantail

le jardin

la ferme

l'atelier

le perron

le tas de bois

la pompe

le coq

les poussins

la poule

la cour de ferme

le camion

la poudreuse

le vétérinaire

la récolte

25

LE PRINTEMPS

l'arc-en-ciel

le cerf

la biche

le faon

les lapins

la terre

le ver

le rouge-gorge

les oies

les oisillons

les bourgeons

le nid

la pluie

le fermier

le tracteur

le disque

les marmottes

la herse

le terrier

l'herbe

les sillons

les mouffettes

les mulots

27

L'ÉTÉ

le parachute

le parachutiste

les pins

le campeur

la forêt

la plage

la table de pique-nique

les tentes

la plongée

le feu de joie

les rondins

le bain de soleil

le ballon

le crabe

le sable

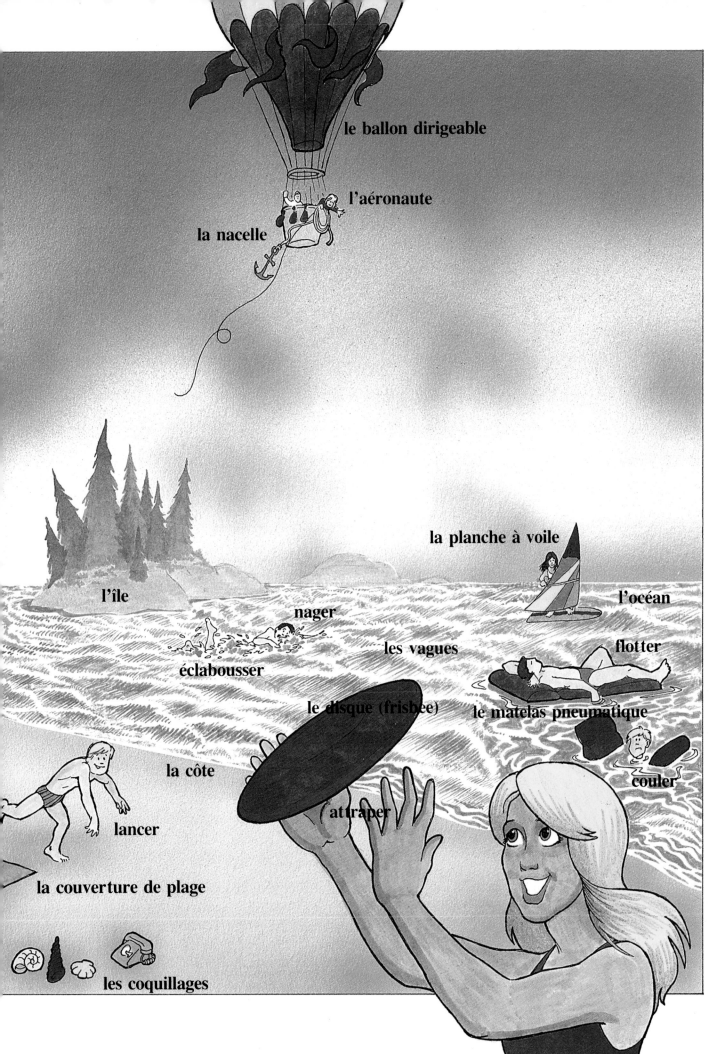

le ballon dirigeable

l'aéronaute

la nacelle

la planche à voile

l'île

l'océan

nager

les vagues

flotter

éclabousser

le disque (frisbee)

le matelas pneumatique

couler

la côte

attraper

lancer

la couverture de plage

les coquillages

29

L'AUTOMNE

les feuilles

crier

la cabane

s'agripper

la cloche

l'arbre

craquer

la plate-forme

saluer

tomber

marron

rose

l'échelle de corde

porter

trébucher

le tronc

se tenir debout

30

atteindre

la branche

oragné

s'équilibrer

noir

les marches

tenir

s'asseoir

violet

bleu

grimper

rouge

pourpre

la corde

vert

blanc

jaune

sauter

pendre

gris

se balancer

ramper

le sol

31

L'HIVER

le bonhomme de neige

skier

les bâtons de ski

l'igloo

les skis

le cache-oreilles

la neige

la bataille de boules de neige

le parka

le traîneau

rire

pousser

le saint-bernard

le banc

la motoneige

les raquettes

les patins

le sommet

la montagne

les lampes de Noël

les stalagtites

les lunettes de ski

le chalet

trembler

les congères

le chien esquimau

froid

l'ensemble de ski

le bâton de hockey

la glace

la rondelle de hockey

33

LES TRAINS

les signaux

le train

le mécanicien

les voyageurs

le serre-freins

le conducteur

la locomotive

la voiture

le taureau

les voies

LES BATEAUX

le voilier

le bateau à voile

le canot de sauvetage

le chalutier

le paquebot

le transbordeur

le capitaine

le canot

le marin

la pagaie

le sous-marin

la bouée

les rames

127

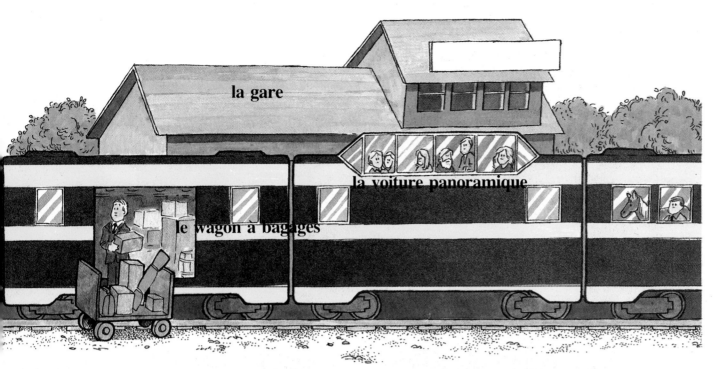

la gare

la voiture panoramique

le wagon à bagages

la côte

le pétrolier

le navire

le remorqueur

le hors-bord

le phare

le gardien du phare

la péniche

le moteur hors-bord

la sirène

LES AVIONS

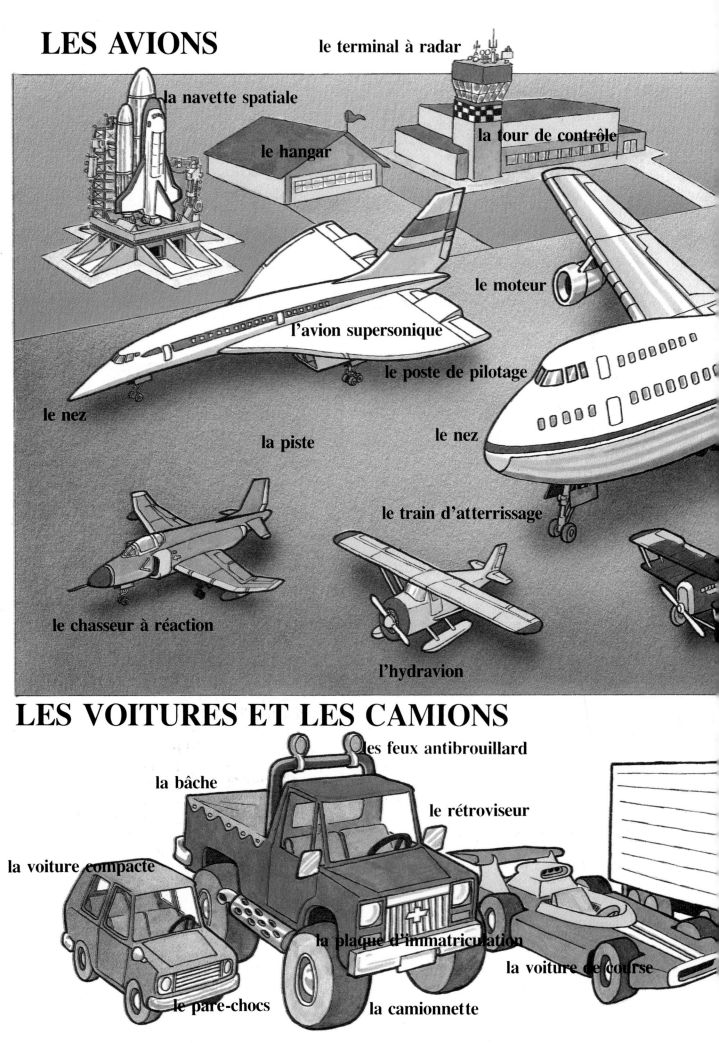

le terminal à radar

la navette spatiale

la tour de contrôle

le hangar

le moteur

l'avion supersonique

le poste de pilotage

le nez

la piste

le nez

le train d'atterrissage

le chasseur à réaction

l'hydravion

LES VOITURES ET LES CAMIONS

les feux antibrouillard

la bâche

le rétroviseur

la voiture compacte

la plaque d'immatriculation

la voiture de course

le pare-chocs

la camionnette

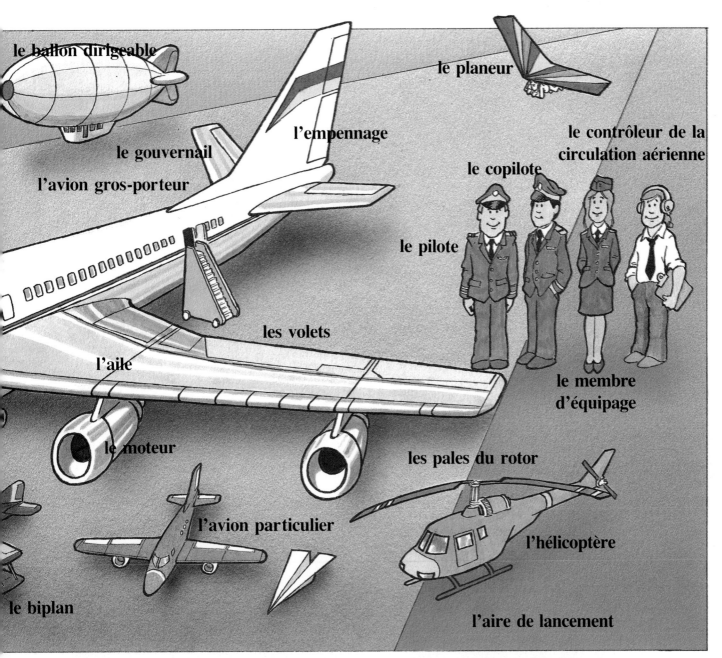

le ballon dirigeable

le planeur

l'empennage

le contrôleur de la circulation aérienne

le gouvernail

le copilote

l'avion gros-porteur

le pilote

le membre d'équipage

les volets

l'aile

les pales du rotor

le moteur

l'avion particulier

l'hélicoptère

le biplan

l'aire de lancement

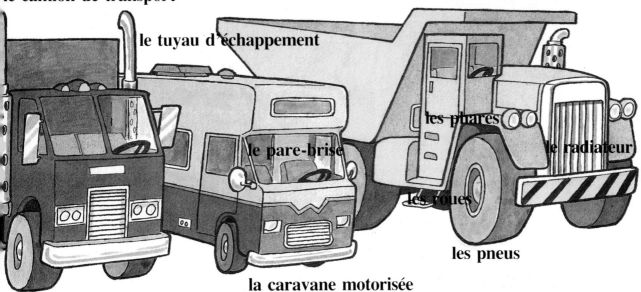

le camion de transport

le camion à benne basculante

le tuyau d'échappement

les phares

le pare-brise

le radiateur

les roues

les pneus

la caravane motorisée

À L'ÉCOLE

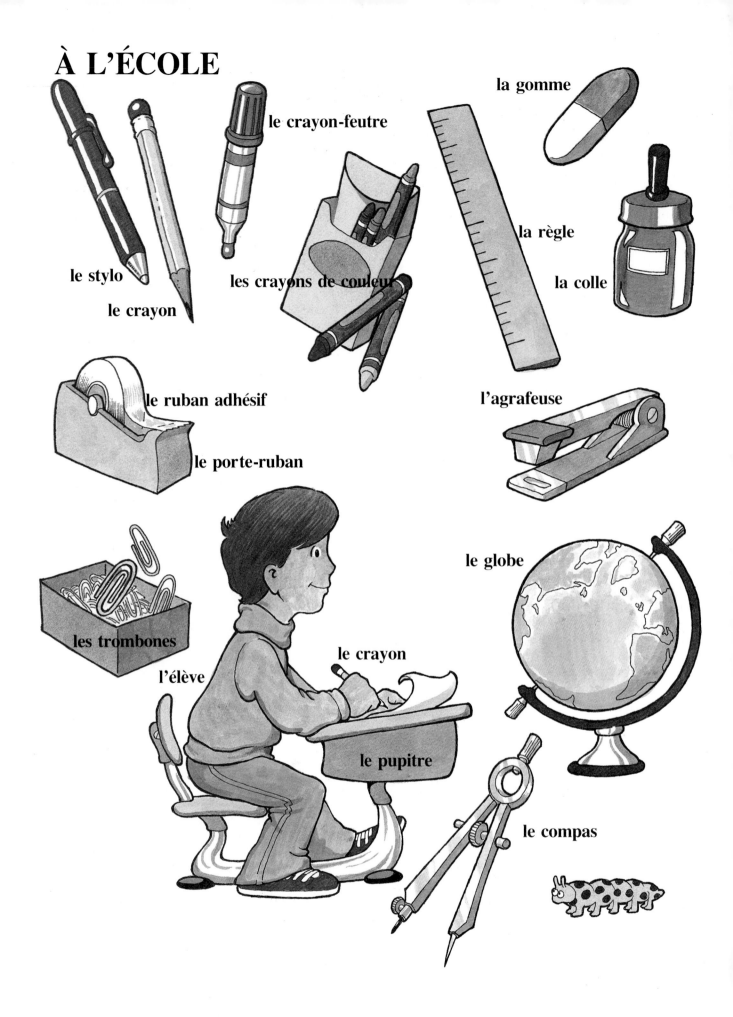

le stylo

le crayon

le crayon-feutre

les crayons de couleur

la gomme

la règle

la colle

le ruban adhésif

le porte-ruban

l'agrafeuse

le globe

les trombones

l'élève

le crayon

le pupitre

le compas

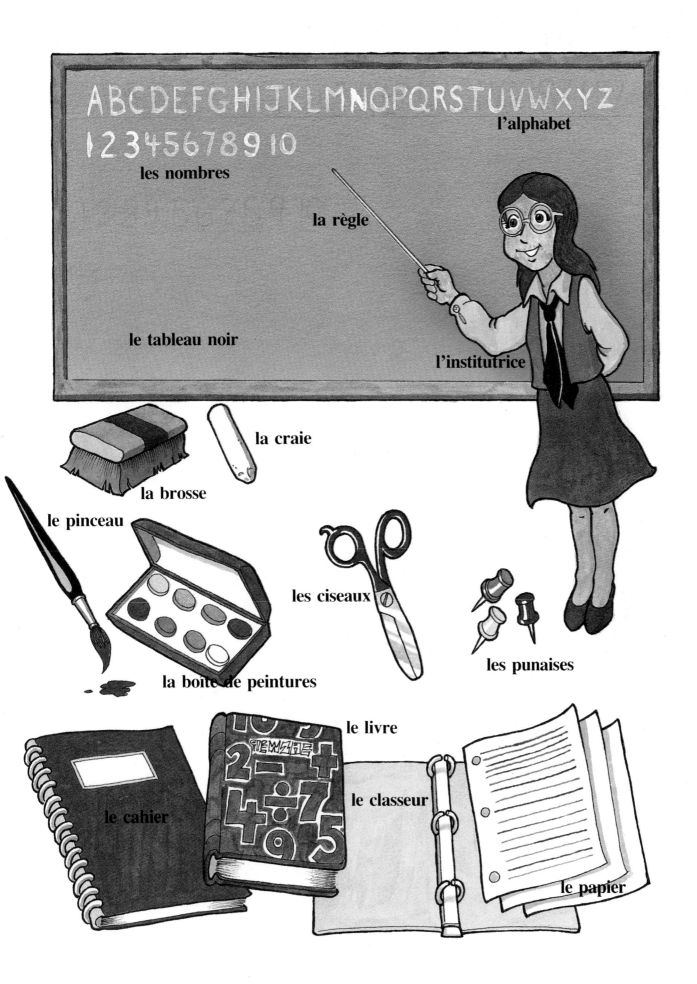

l'alphabet

les nombres

la règle

le tableau noir

l'institutrice

la craie

la brosse

le pinceau

les ciseaux

les punaises

la boîte de peintures

le livre

le classeur

le cahier

le papier

C'EST LA FÊTE

les banderoles

le costume de dragon

le casque

l'épée

la couronne

le bouclier

le roi

la reine

le perroquet

le diable

la sorcière

le pirate

les ballons

le viking

le monstre

le masque

les plumes

la queue

la hache

l'indienne

la barbe

l'auréole

la baguette magique

le chapeau

l'ange

le sorcier

le cowboy

les ailes

le fantôme

l'étui de revolver

le vampire

le punch

41

LE SON, LA VUE ET LE MOUVEMENT

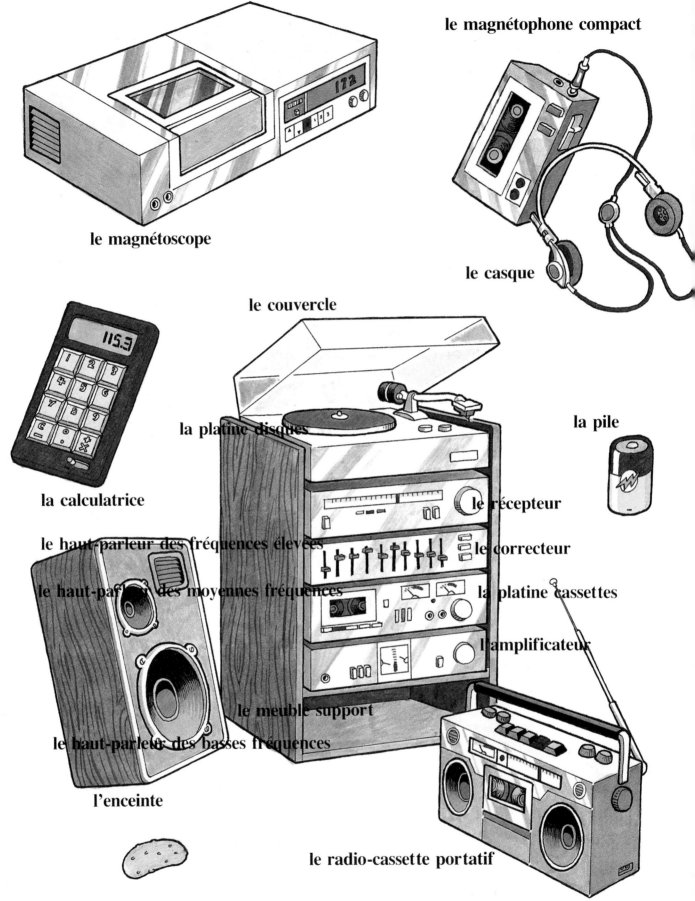

le magnétophone compact

le magnétoscope

le casque

le couvercle

la platine disques

la calculatrice

la pile

le récepteur

le haut-parleur des fréquences élevées

le correcteur

le haut-parleur des moyennes fréquences

la platine cassettes

l'amplificateur

le meuble support

le haut-parleur des basses fréquences

l'enceinte

le radio-cassette portatif

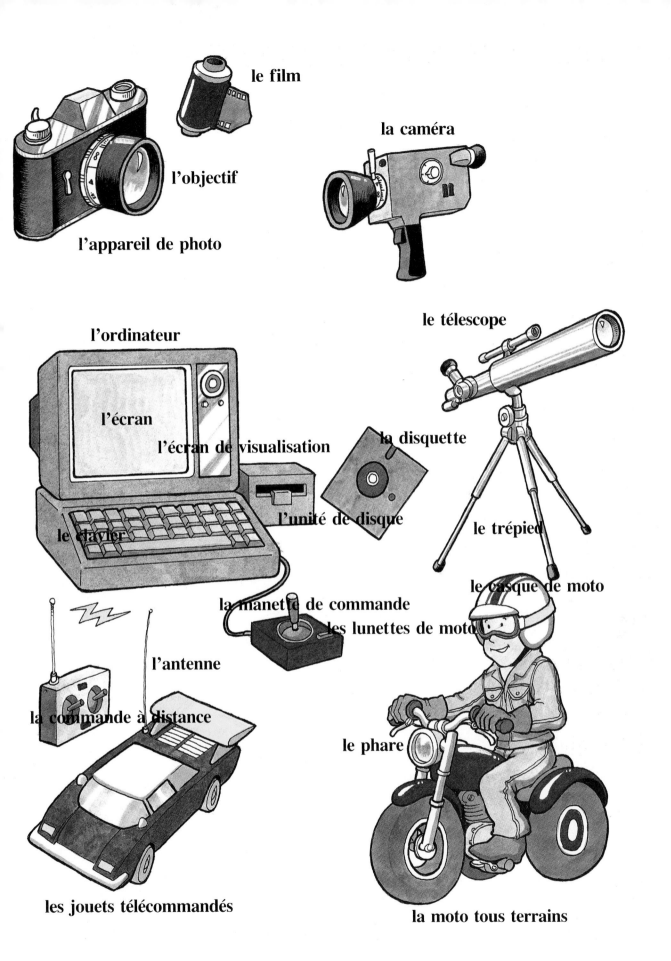

le film

l'objectif

l'appareil de photo

la caméra

l'ordinateur

le télescope

l'écran

l'écran de visualisation

la disquette

le clavier

l'unité de disque

le trépied

la manette de commande

le casque de moto

les lunettes de moto

l'antenne

la commande à distance

le phare

les jouets télécommandés

la moto tous terrains

LES ANIMAUX

l'ours

le rhinocéros

le singe

le léopard

le tigre

la girafe

la loutre

le pingouin

le crocodile

le serpent

la souris

l'éléphant

l'élan

le sanglier

DANS LE JARDIN

l'abeille

le ver de terre

le papillon de nuit

la toile d'araignée

la plante araignée

l'araignée

le lierre

le lierre

l'oiseau-mouche

le papillon

le tournesol

les pétales

la feuille

les roses

la tige

les tulipes

l'arrosoir

la coccinelle

les pots de fleur

les graines

le pissenlit

les oignons (bulbes)

la sauterelle

la mouche

l'escargot

le cocon

le volubilis

la treille

le filet à papillon

la fougère

le cactus

la jardinière

l'engrais

le terreau

l'arroseuse

les champignons

la mante religieuse

les fourmis

INDEX

Following are the French words, listed in alphabetical order. Look to the right of each word and you will see how they should be pronounced. The last column on the right is what the word means in English. The middle column, in italics, will help you say the French words correctly, even though the pronunciation may look funny. That's because there are some French sounds that you won't come across in English. So just read them as if they are English words, with the following exceptions:

a - is said a little longer than 'a' in 'sat' but not as long as the 'a' in 'jar.'
ay - is said like the 'a' in 'paper.'
e - is said like the 'e' in 'men' except when followed by an 'r.'

er - it sounds like the 'e' in 'her' except the 'r' is pronounced.
e (r) - is said like the 'e' in 'the' (not thee). The 'r' is not said.
ew - this may sound funny because this is a sound we don't have in English. Round your lips as if to say 'oo' and say 'ee' instead.
g - is said like the 'g' in 'gate.'
j - is said like the 's' in 'measure.'
r - make this sound as if you are gargling water. It is made by a roll in the back of your mouth, unless the 'r' is in brackets like this (r).
(n) - this may sound funny because there is nothing like it in English. It means that the 'n' is not said, but the vowel before it is said with a nasal sound. Try listening to someone do it and watch how they make the sound through their nose and mouth at the same time.

le ciel	*le(r) see-ell*	sky
les nuages	*lay new-aj*	clouds
le mont enneigé	*le(r) mo(n) a(n)-neg-ay*	snowcap
la montagne	*la mo(n)-tan-ye(r)*	mountains
la ville	*la veel*	city
le port	*le(r) por*	harbor
le pont	*le(r) po(n)*	bridge
la route	*la root*	highway
la rivière	*la ree-vee-air*	river
le phare	*le(r) far*	lighthouse
le remorqueur	*le(r) re(r)-mork-er*	tugboat
le bateau à voile	*le(r) ba-toe a vwal*	sailboat
les vagues	*lay vag*	waves
la mouette	*la moo-et*	seagull
le soleil	*le(r) sol-ay*	sun
la banderole	*la ba(n)-de(r)-rol*	banner
la dérive	*la day-reev*	tail
le pilote	*le(r) pee-lot*	pilot
l'avion	*lav-yo(n)*	airplane
la colline	*la coll-een*	hill
le moteur	*le(r) mo-ter*	engine
la roue	*la roo*	wheel
l'aile	*layl*	wing
la forêt	*la for-ray*	forest
les arbres	*lay zar-br*	trees
la maison	*la may-zo(n)*	house

Chaque grande image de ce livre contient quelque chose qui ne devrait pas s'y trouver. À toi de le découvrir et de le nommer.

AROUND THE HOUSE   AUTOUR DE LA MAISON

les appartements	*lay-za-part-e(r)-ma(n)*	apartments
le balcon	*le(r) bal-co(n)*	balcony
le garage	*le(r) ga-raj*	garage
la maison pour oiseaux	*la may-zo(n) poor wa-zo*	birdhouse
la tondeuse	*la to(n)-de(r)z*	lawn mower
le râteau	*le(r) ra-toe*	rake
la pelle	*la pell*	spade
la binette	*la bee-net*	hoe
le ballon	*le(r) ba-lo(n)*	basketball
l'allée	*la-lay*	driveway
la bicyclette	*la bee-see-clet*	bicycle
la planche à roulettes	*la pla(n)-sha roo-let*	skateboard
les briques	*lay breek*	bricks
la maison	*la may-zo(n)*	house
la fenêtre	*la fe-ne-tr*	window
les rideaux	*lay ree-doe*	drapes
l'échelle	*lay-shell*	ladder
la pelouse	*la pe(r)-loose*	lawn
le chariot	*le(r) sha-ree-o*	wagon
le chat	*le(r) sha*	cat
l'os	*loss*	bone
le chien	*le(r) shee-a(n)*	dog
la moto	*la mo-toe*	motorcycle
la clôture	*la clo-tewr*	fence

le toit	*le(r) twa*	roof
la cheminée	*la she(r)-mee-nay*	chimney
l'écureuil	*lay-kewr-e(r)-ye(r)*	squirrel
la porte	*la port*	door
la lampe	*la la(n)p*	lamp
la boîte à lettres	*la bwa-ta lett-tr*	mailbox
les buissons	*lay bwee-so(n)*	shrubs
le tricycle	*le(r) tree-see-cl*	tricycle
le tuyau d'arrosage	*le(r) twee-yo da-ross-aj*	hose
la piscine	*la pee-seen*	pool
la bouche d'incendie	*la boosh da(n)-sa(n)-dee*	fire hydrant
le couvercle d'égout	*le(r) coo-vair-cl day-goo*	manhole cover
l'égout	*lay-goo*	sewer
la haie	*la ay*	hedge
le voisin	*le(r) vwa-za(n)*	neighbor
les cisailles	*lay see-zie-ye(r)*	clippers
le jardin	*le(r) jar-da(n)*	garden

RISE AND SHINE   L'HEURE DU LEVER

la lampe	*la la(n)p*	lamp
le bois de lit	*le(r) bwa de(r) lee*	headboard
le matelas	*le(r) mat-e(r)-la*	mattress
le drap	*le(r) dra*	sheet
l'oreiller	*lor-ay-ay*	pillow
le couvre-lit	*le(r) coo-vr-lee*	bedspread
la couverture	*la coo-vair-tewr*	blanket
bailler	*ba-ee-ay*	yawn
le tiroir	*le(r) teer-war*	drawer
le lit	*le(r) lee*	bed
le coffre à jouets	*le(r) cof-fr a joo-ay*	toybox
le réveil	*le(r) ray-vay-ye*	alarm clock
la commode	*la com-odd*	dresser
le pouce	*le(r) pooce*	thumb
la main	*la ma(n)*	hand
la tête	*la tet*	head
la poitrine	*la pwa-treen*	chest
le ventre	*le(r) va(n)-tr*	tummy
les jambes	*lay ja(n)b*	legs
le genou	*le(r) je(r)-noo*	knee
les pieds	*lay pee-ay*	feet
le coude	*le(r) cood*	elbow
le dos	*le(r) doe*	back
le talon	*le(r) ta-lo(n)*	heel
les doigts de pieds	*lay dwa de(r) pee-ay*	toes
la figure	*la fee-gewr*	face
les bras	*lay bra*	arms
les doigts	*lay dwa*	fingers
les épaules	*lay-zay-pole*	shoulders
le derrière	*le(r) dare-ree-air*	bottom
les chevilles	*lay she(r)-vee-ye(r)*	ankles

WASHING UP   POUR SE LAVER

le sèche-cheveux	*le(r) sesh-she(r)-ve(r)*	hair dryer
la lampe	*la la(n)p*	light

French	Pronunciation	English
le miroir	le(r) meer-war	mirror
les cheveux	lay she(r)-ve(r)	hair
la brosse à dents	la bross a da(n)	toothbrush
les yeux	layz-ye(r)	eyes
le nez	le(r) nay	nose
les oreilles	lay-zor-ay	ears
les dents	lay da(n)	teeth
le dentifrice	le(r) dan(n)-tee-freece	toothpaste
la brosse	la bross	brush
le robinet	le(r) rob-ee-nay	tap
le savon	le(r) sa-vo(n)	soap
le lavabo	le(r) la-va-bo	sink
le cou	le(r) coo	neck
la robe de chambre	la rob de(r) sha(n)-br	bathrobe
la douche	la doosh	shower
les bulles de savon	lay bewl de(r) sa-vo(n)	bubbles
les mouchoirs en papier	lay moosh-war a(n) pa-pee-ay	tissue
la baignoire	la bay-nwar	bathtub
l'éponge	lay-ponj	sponge
la toilette	la twal-et	toilet
le tapis de bain	le(r) ta-pee de(r) ba(n)	bathmat
la débarbouillette	la day-bar-boo-ee-et	face cloth
la crème à raser	la crem a ra-zay	shaving cream
la serviette	la sair-vee-et	towel
le coton hydrophile	le(r) cot-o(n) ee-droff-eel	cotton balls
le shampooing	le(r) sha(n)-poo-a(n)	shampoo
le rasoir	le(r) ra-zwar	razor
le peigne	le(r) payn-ye(r)	comb
l'étagère	lay-ta-jair	shelf

GETTING DRESSED — POUR S'HABILLER

French	Pronunciation	English
les boutons	lay boo-to(n)	dials
la sécheuse	la say-she(r)z	dryer
le slip	le(r) slip	underpants
la machine à laver	la ma-sheen a la-vay	washer
le chandail	le(r) sha(n)-die	sweater
la fermeture éclair	la fair-me(r)-tewr ay-clair	zipper
la jupe	la jewp	skirt
la cravate	la cra-vat	tie
le teeshirt	le(r) tee-shirt	t-shirt
le survêtement	le(r) sewr-vet-ma(n)	sweatsuit
la ceinture	la sa(n)-tewr	belt
les jeans	lay jeans	jeans
le poignet	le(r) pwan-yay	cuff
le maillot de bain	le(r) my-o de(r) ba(n)	swimming trunks
le porte-manteau	le(r) port ma(n)-toe	coat rack
l'écharpe	lay-sharp	scarf
le parapluie	le(r) pa-ra-plwee	umbrella
le chapeau	le(r) sha-po	hat
la casquette	la cass-ket	cap
le manteau de fourrure	le(r) ma(n)-toe de(r) foor ewr	fur coat
la toque	la tock	toque
la veste	la vest	jacket
le sac à main	le(r) sa-ca ma(n)	purse
le sac	le(r) sack	briefcase
la canne	la can	cane
l'imperméable	la(n)-pair-may-a-bl	raincoat
les mitaines	lay mee-ten	mitts
les gants	lay ga(n)	gloves
le chemisier	le(r) she(r)-mee-zee-ay	blouse
la robe	la rob	dress
le noeud papillon	le(r) ne(r) pa-pee-yo(n)	bow
les bottes	lay bot	boots
la boîte-repas	la bwat re(r)-pa	lunch box
les sandales	lay sa(n)-dal	sandals
les chaussons	lay sho-so(n)	slippers
les chaussures de gymnastique	lay sho-sewr de(r) jeem-nass-teek	running shoes
la culotte	la cew-lot	shorts
la chemise	la she(r)-meez	shirt
le collier	le(r) coll-ee-ay	collar
les boutons	lay boo-to(n)	buttons
la poche	la posh	pocket
le gilet	le(r) jee-lay	vest
les lacets	lay la-say	laces
les chaussettes	lay sho-set	socks

IN THE KITCHEN — À LA CUISINE

French	Pronunciation	English
le garçon	le(r) gar-so(n)	boy
le fils	le(r) feece	son
le frère	le(r) freir	brother
l'escalier	less-ca-lee-ay	stairs
le fer à repasser	le(r) fair a re(r)-pa-say	iron
la planche à repasser	la pla(n)-sha re(r)-pa-say	ironing board
le bébé	le(r) bay-bay	baby
le réfrigérateur	le(r) ray-free-jay-ra-ter	refrigerator
l'horloge	lor-loj	clock
la fille	la fee-ye(r)	girl
la fille	la fee-ye(r)	daughter
la soeur	la ser	sister
la cuillère	la kwee-yair	spoon
le verre	le(r) vair	glass
le bol	le(r) bol	bowl
la tartine rôtie	la tar-teen ro-tee	toast
le poivre	le(r) pwa-vr	pepper
le sel	le(r) sell	salt
le ketchup	le(r) ket-chup	ketchup
le sucre	le(r) soo-cr	sugar
la tasse	la tass	mug
la fourchette	la foor-shet	fork
le couteau	le(r) coo-to	knife
l'assiette	lass-ee-et	plate
le beurre	le(r) ber	butter
la table	la ta-bl	table
les céréales	lay say-ray-al	cereal
la théière	la tay-yair	teapot
la poubelle	la poo-bell	garbage can
le balai	le(r) ba-lay	broom
le serpillière	la sair-pee-air	mop
le seau	le(r) so	bucket
le grille-pain	le(r) gre-ye(r)-pa(n)	toaster
la prise de courant	la preez de(r) coo-ra(n)	wall socket
la cire	la seer	floor wax
le comptoir	le(r) co(n)-twar	counter
l'homme	lom	man
le père	le(r) pair	father
le mari	le(r) ma-ree	husband
le torchon	le(r) torsh-o(n)	towel
le robinet	le(r) rob-ee-nay	tap
la vaisselle	la vai-sell	dishes
la fenêtre	la fe-ne-tr	window
la femme	la fam	woman
la mère	la mare	mother
la femme	la fam	wife
le placard	le(r) pla-car	cupboard
les moufles de four	la(y) moo-fle(r) de(r) foor	oven mitts
le pot	le(r) po	pot
le bocal à biscuits	le(r) bo-kal a beece-kwee	cookie jar
le tabouret	le(r) ta-boo-ray	stool
les tiroirs	lay teer-war	drawers
la bouilloire	la boo-eey-war	kettle
le mélangeur	le(r) may-la(n)-jer	blender
la fiche	la fish	plug
la cuisinière	la kwee-zeen-yair	stove
le bol du chien	le(r) bol dew shee-a(n)	dog dish
le four	le(r) foor	oven
la chaise	la shayz	chair
le plancher	le(r) pla(n)-shay	floor

ON THE BUS — DANS L'AUTOBUS

French	Pronunciation	English
le soldat	le(r) sol-da	soldier
le cuisinier	le(r) kwee-zeen-yay	chef
les astronautes	lay-zass-tron-oat	astronauts
la barre	la bar	handrail
le clown	le(r) cloon	clown
le pompier	le(r) po(n)-pee-ay	fireman
le fermier	le(r) fair-mee-ay	farmer
la femme-agent	la fam a-ja(n)	policewoman
le conducteur d'autobus	le(r) co(n)-dewk-ter do-toe-bews	bus driver
la danseuse	la da(n)-se(r)z	dancer
le pêcheur	le(r) pesh-er	fisherman
le filet	le(r) fee-lay	net
la hache	la ash	axe
le bûcheron	le(r) bew-she(r)-ro(n)	lumberjack

les bottes	lay bot	boots
la salopette	la sa-lo-pet	overalls
le casque	le(r) cass-ke(r)	helmet
le mineur	le(r) meen-er	miner
la boîte-repas	la bwat re(r)-pa	lunch box

IN THE TOWN   EN VILLE

les poteaux indicateurs	lay pot-o a(n)-dee-ca-ter	street signs
le laveur de carreaux	le(r) la-ver de(r) ca-ro	window washer
le cinéma	le(r) see-nay-ma	cinema
Piétons arrêtez	pee-ay-to(n) a-ray-tay	stop
Piétons passez	pee-ay-to(n) pa-say	walk
le parcomètre	le(r) par-com-ay-tr	parking meter
l'hôpital	lop-ee-tal	hospital
la sirène	la see-ren	siren
l'ambulance	lam-bew-la(n)-ce	ambulance
le métro	le(r) met-ro	subway
la banque	la ba(n)k	bank
la bordure de trottoir	la bor-dewr de(r) trot-war	curb
le trottoir	le(r) trot-war	sidewalk
le drapeau	le(r) dra-po	flag
la grue	la grew	crane
le gratte-ciel	le(r) grat-see-ell	skyscaper
le réverbère	le(r) ray-vair-bear	lamppost
la caserne des pompiers	la caz-ayr-ne(r) day po(n)-pee-ay	fire station
le camion des pompiers	le(r) ca-mee-o(n) day po(n)-pee-ay	fire truck
l'autobus	lo-toe-bews	bus
la voiture de police	la vwa-tewr de(r) pleece	police car
les clous	lay cloo	crosswalk
la chaussée	la sho-say	road

ON THE STREET   LA RUE

le panneau d'affichage	le(r) pa-no da-fish-aj	billboard
la quincaillerie	la ka(n)-kie-ree	hardware store
le tonneau	le(r) tonn-o	barrel
la boucherie	la boosh-ree	butcher shop
le magasin de photo	le(r) ma-ga-za(n) de(r) fot-o	camera shop
le restaurant	le(r) ress-toe-ra(n)	restaurant
la terrasse	la tair-ass	terrace
le garçon	le(r) gar-so(n)	waiter
le camion de livraison	le(r) ca-mee-o(n) de(r) lee-vray-so(n)	delivery van
l'allée	la-lay	alley
la jardinière	la jar-deen-ee-air	planter
la librairie	la lee-bray-ree	book store
la boulangerie	la boo-la(n)-je(r)-ree	bakery
le marchand de glaces	le(r) mar-sha(n) de(r) glass	ice cream parlor
l'enseigne	la(n)-sayn-ye(r)	sign

AT THE SHOPPING MALL
LE CENTRE COMMERCIAL

l'étalage	lay-ta-laj	display
la boutique	la boo-teck	boutique
la cliente	la clee-a(n)t	customer
la vendeuse	la va(n)-de(r)z	salesperson
le cendrier	le(r) sa(n)-dree-ay	ashcan
le disquaire	le(r) deesk-air	record store
l'affiche	la-fish	poster
le sac à provisions	le(r) sack a pro-vee-zee-o(n)	shopping bag
la pharmacie	la far-ma-see	drug store
le magasin de chaussures	le(r) ma-ga-za(n) de(r) sho-sewr	shoe store
le banc	le(r) ba(n)	bench

THE MARKET PLACE   LE MARCHÉ

les tartelettes	lay tar-te(r)-let	pies
le plateau	le(r) pla-toe	tray
le pain	le(r) pa(n)	bread
le boulanger	le(r) boo-la(n)-jay	baker
le congélateur	le(r) con-jay-la-ter	freezer
le poulet	le(r) poo-lay	chicken
le bifteck	le(r) beef-tayk	steak

la saucisse	la soss-eece	sausages
les fraises	lay frayz	strawberries
les cerises	lay ser-reez	cherries
les bleuets	lay ble(r)-ay	blueberries
le maïs	le(r) ma-eece	corn
les tartelettes	lay tar-te(r)-let	pies
le parasol	le(r) pa-ra-sol	umbrella
le poissonnier	le(r) pwa-so-nee-ay	fishmonger
le poisson	le(r) pwa-so(n)	fish
les pommes de terre	lay pomm de(r) tair	potatoes
le sac	le(r) sack	sack
les framboises	lay fra(n)-bwaz	raspberries
les poivrons	lay pwa-vro(n)	peppers
la laitue	la lay-tew	lettuce
les haricots	lay a-ree-co	beans
le raisin	le(r) ray-sa(n)	grapes
les oignons	layz-o(n)-yo(n)	onions
le fromage	le(r) from-aj	cheese
le beurre	le(r) ber	butter
la balance	la bal-a(n)ce	scale
le lait	le(r) lay	milk
les ananas	layz-a-na-na	pineapple
le tonneau	le(r) tonn-o	barrel
les pommes	lay pomm	apples
les bananes	lay ba-nan	bananas
les bouteilles	lay boo tay	bottles
le café	le(r) ca-fay	coffee
les oeufs	layz-e(r)	eggs
les champignons	lay sha(n)-peen-yo(n)	mushrooms
la caisse	la kess	cash register
les tomates	lay tom-at	tomatoes
les poires	lay pwa-re(r)	pears
les citrons	lay see-tro(n)	lemons
les pêches	lay pesh	peaches
les oranges	layz-or-a(n)j	oranges
les caisses	lay kess	crates

AFTER SCHOOL   APRÈS L'ÉCOLE

THE DOCTOR   LE DOCTEUR

le thermomètre	le(r) tair-mom-ay-tr	thermometer
le rideau	le(r) ree-doe	curtain
l'infirmière	la(n)-faire-mee-air	nurse
le pansement	le(r) pa(n)ce-ma(n)	bandage
la feuille de température	la fe(r)-ye(r) de(r) ta(n)-pay-ra-tewr	chart
l'écharpe	lay-sharpe	sling
le plâtre	le(r) pla-tr	cast
la béquille	la bay-kee-ye(r)	crutch
le malade	le(r) ma-lad	patient
la bascule	la bass-cewl	scale
le médicament	le(r) may-dee-ca-ma(n)	medicine
le fauteuil roulant	le(r) fo-te(r)-ye(r) roo-la(n)	wheelchair
le stéthoscope	le(r) stay-toss-cop	stethoscope

THE MUSIC TEACHER
LE PROFESSEUR DE MUSIQUE

l'archet	lar-shay	bow
la contrebasse	la co(n)-tre(r)-bass	bass
le professeur	le(r) pro-fay-se(r)	teacher
le métronome	le(r) met-tro-nomm	metronome
la trompette	la tro(n)-pet	trumpet
le violon	le(r) vee-ol-o(n)	violin
le piano	le(r) pee-a-no	piano
la partition	la par-tee-syo(n)	sheet music
le clavier	le(r) cla-vee-ay	keyboard
le lutrin	le(r) lewt-tra(n)	music stand
la guitare	la gee-tar	guitar
la pédale	la pay-dal	pedal
le tabouret de piano	le(r) ta-boo-ray de(r) pee-a-no	piano stool
l'étudiant	lay-tew-dia(n)	student

THE DENTIST   LE DENTISTE

les lunettes	lay lew-net	glasses
le dentiste	le(r) da(n)-teest	dentist
la roulette	la roo-let	drill
le lavabo	le(r) la-va-bo	rinse sink
l'eau dentifrice	lo da(n)-tee-freece	mouthwash
la timbale	la ta(n)-bal	glass
le tableau mural	le(r) tab-lo mewr-al	wall chart

THE HAIRDRESSER   LE COIFFEUR

French	Pronunciation	English
le coiffeur	le(r) kwa-fur	hair stylist
les ciseaux	lay see-zo	scissors
le peigne	le(r) payn-ye(r)	comb
le tablier	le(r) tab-lee-ay	apron
le livre	le(r) lee-vr	book
le miroir	le(r) meer-war	mirror
la laque	la lack	hairspray
le rasoir électrique	le(r) ra-zwar ay-leck-treek	electric razor
la crème à raser	la crem a ra-zay	shaving cream
le fauteuil	le(r) fo-te(r)-ye(r)	barber chair

THE FARM   À LA FERME

French	Pronunciation	English
le champ	le(r) sha(n)	field
le pré	le(r) pray	pasture
les chevaux	lay she(r)-vo	horses
la girouette	la jee-roo-et	weather vane
la porcherie	la por-shree	pigsty
le veau	le(r) vo	calf
les vaches	lay vash	cows
les cochons	lay cosh-o(n)	pigs
l'abreuvoir	la-bre(r)-vwar	trough
les chèvres	lay shay-vr	coats
le verger	le(r) vair-jay	orchard
le silo	le(r) see-lo	silo
la cour de ferme	la coor de(r) fairm	barnyard
la charrette	la sha-ret	hay wagon
la grange	la gra(n)-je(r)	barn
le foin	le(r) fwa(n)	hay
le tracteur	le(r) track-ter	tractor
le paratonnerre	le(r) pa-ra-tonn-air	lightning rod
les corbeaux	lay cor-bo	crows
les ballots de paille	lay ba-lo de(r) pie-ye(r)	hay bales
le grenier	le(r) gre(r)-nee-ay	loft
le tracteur	le(r) trak-ter	tractor
le fermier	le(r) fair-mee-ay	farmer
le vétérinaire	le(r) vay-tay-ree-nair	veterinarian
le camion	le(r) ca-mee-o(n)	truck
la fourche	la foorsh	pitchfork
l'épouvantail	lay-poo-va(n)-tie	scarecrow
le jardin	le(r) jar-da(n)	garden
l'enfant	la(n)-fa(n)	kid
la clôture	la clo-tewr	fence
le perron	le(r) pay-ro(n)	porch
la ferme	la fairm	farmhouse
l'atelier	la-tell-ee-ay	tool shed
le tas de bois	le(r) ta de(r) bwa	woodpile
la pompe	la po(n)-pe(r)	pump
le coq	le(r) cock	rooster
la poule	la pool	hen
les poussins	lay poo-sa(n)	chickens
la poudreuse	la poo-dre(r)-z	crop duster
la récolte	la ray-colt	crops

SPRING   LE PRINTEMPS

French	Pronunciation	English
l'arc-en-ciel	lark a(n) see-el	rainbow
les lapins	lay la-pa(n)	rabbits
la biche	la bee-she(r)	doe
le faon	le(r) fa(n)	fawn
le cerf	le(r) sair	stag
les sillons	lay see-y o(n)	furrows
le rouge-gorge	le(r) rooj-gor-je(r)	robin
le ver	le(r) vair	worm
la terre	la tair	earth
la pluie	la plwee	rain
les oies	layz-wa	geese
le fermier	le(r) fair-mee-ay	farmer
le tracteur	le(r) track-ter	tractor
l'herbe	lairb	grass
les bourgeons	lay boor-jo(n)	buds
le nid	le(r) nee	nest
les oisillons	layz-wa-zee-yo(n)	baby birds
les marmotes	lay mar-mot	groundhogs
le terrier	le(r) tair-ee-ay	burrow
les mulots	lay mew-lo	field mice
les mouffettes	lay moof-et	skunks
le disque	le(r) deesk	disc
la herse	la ayr-se(r)	disc harrow

SUMMER   L'ÉTÉ

French	Pronunciation	English
les pins	lay pa(n)	pine trees
le campeur	le(r) ca(n)-per	camper
la caravane	la ca-ra-van	trailer
la forêt	la for-ray	woods
les rondins	lay ro(n)-da(n)	logs
les tentes	lay ta(n)t	tents
le ballon	le(r) ba-lo(n)	beachball
la plage	la plaj	beach
le sable	le(r) sa-bl	sand
la table de pique-nique	la ta-bl de(r) peek-neek	picnic table
le feu de joie	le(r) fe(r) de(r) jwa	bonfire
chanter	sha(n)-tay	singing
le crabe	le(r) crab	crab
la côte	la coat	shoreline
le parachutiste	le(r) pa-ra-shewt-eest	parachutist
le parachute	le(r) pa-ra-shewt	parachute
la plongée	la plo(n)-jay	scuba diving
le bain de soleil	le(r) ba(n) de(r) sol-ay	sunbathe
la couverture de plage	la coo-vair-tewr de(r) plaj	beach blanket
les coquillages	lay cock-ee-aj	seashells
lancer	la(n)-say	throw
l'île	leel	island
l'aéronaute	la-ay-roe-not	balloonist
la nacelle	la na-sell	gondola
le ballon dirigeable	le(r) ba-lo(n) dee-ree-ja-bl	balloon
éclabousser	ay-cla-boo-say	splash
nager	naj ay	swim
le disque (frisbee)	le(r) deesk (freez-bee)	frisbee
attraper	a-trap-ay	catch
les vagues	lay vag	waves
la planche à voile	la pla(n)-sha vwal	windsurfing
l'océan	lo-say-a(n)	ocean
flotter	flo-tay	float
le matelas pneumatique	le(r) mat-la pne(r)-ma-teek	air mattress
couler	cool-ay	sink

FALL   L'AUTOMNE

French	Pronunciation	English
les feuilles	lay fe(r)-ye(r)	leaves
crier	kree-ay	shout
atteindre	a-ta(n)-dr	reach
la cabane	la ca-ban	tree house
s'agripper	sa-gree-pay	cling
s'équilibrer	say-kee-lee-bray	balance
orangé	or-a(n)-jay	orange
la cloche	la closh	bell
noir	nwar	black
tenir	te(r)-near	hold
s'asseoir	sass-war	sit
craquer	cra-kay	snap
la branche	la bra(n)-she(r)	branch
tomber	to(n)-bay	fall
saluer	sa-lew-ay	wave
rose	rose	pink
porter	por-tay	carry
se tenir debout	se(r) te(r)-near de(r)-boo	stand
pourpre	poor-pr	purple
rouge	rooj	red
trébucher	tray-bew-shay	trip
la plate-forme	la plat-form	platform
les marches	lay marsh	steps
l'échelle de corde	lay-shell de(r) cord	rope ladder
le tronc	le(r) tro(n)	trunk
l'arbre	lar-br	tree
marron	ma-ro(n)	brown
le sol	le(r) sol	ground
vert	vair	green
blanc	bla(n)	white
sauter	so-tay	jump
la corde	la cord	rope
gris	gree	gray
se balancer	se(r) bal-a(n)-say	swing
bleu	ble(r)	blue
grimper	gra(n)-pay	climb
pendre	pa(n)-dr	hang
jaune	jone	yellow

violet	*vee-oll-ay*	violet
ramper	*ra(n)-pay*	crawl

WINTER   L'HIVER

le bonhomme de neige	*le(r) bon-om de(r) nej*	snowman
l'igloo	*lee-glu*	igloo
les skis	*lay skee*	skis
skier	*skee-ay*	skiing
les bâtons de ski	*lay ba-to(n) de skee*	ski poles
la neige	*la nej*	snow
le parka	*le(r) par-ka*	parka
la bataille de boules de neige	*la ba-tie de(r) bool de(r) nej*	snowball fight
le cache-oreilles	*le(r) cash-or-ay*	earmuffs
le traîneau	*le(r) tray-no*	sled
le saint-bernard	*le(r) sa(n)-bear-nar*	St. Bernard
pousser	*poo-say*	push
rire	*rear*	laugh
la motoneige	*la mo-toe-nej*	snowmobile
les raquettes	*lay ra-ket*	snowshoes
le banc	*le(r) ba(n)*	bench
les patins	*lay pa-ta(n)*	skates
les lunettes de ski	*lay lew-net de(r) skee*	ski mask
la montagne	*la mo(n)-tan-ye(r)*	mountain
froid	*frwa*	cold
l'ensemble de ski	*la(n)-sa(n)-bl de(r) skee*	snowsuit
trembler	*tra(n)-blay*	shiver
le chien esquimau	*le(r) shee-a(n) ess-kee-mo*	husky
la glace	*la glass*	ice
le sommet	*le(r) som-may*	peak
les lampes de Noël	*lay la(n)p de(r) no-el*	Christmas lights
les stalagtites	*lay sta-lag-teet*	icicles
la rondelle de hockey	*la ro(n)-del de(r) o-kay*	puck
le chalet	*le(r) sha-lay*	lodge
les congères	*lay co(n)-jair*	snowdrifts
le bâton de hockey	*le(r) ba-to(n) de(r) o-kay*	hockey stick

TRAINS   LES TRAINS

le taureau	*le(r) toe-ro*	bull
les signaux	*lay see-nyo*	signals
le mécanicien	*le(r) may-ca-nee-see-a(n)*	engineer
les voies	*lay vwa*	tracks
le serre-freins	*le(r) sair-fra(n)*	brakeman
la locomotive	*la lock-om-ot-eev*	engine
le train	*le(r) tra(n)*	train
les voyageurs	*lay vwa-ya-jer*	passengers
la voiture	*la vwa-tewr*	coach
le conducteur	*le(r) co(n)-dewk-ter*	conductor
le wagon à bagages	*le(r) va-go(n) a bag-aj*	baggage car
la gare	*la gar*	station
la voiture panoramique	*la vwa-tewr pa-no-ra-meek*	observation car

BOATS   LES BATEAUX

le voilier	*le(r) vwal-yay*	sailing ship
le chalutier	*le(r) sha-lew-tyay*	trawler
le transbordeur	*le(r) tra(n)s-bor-der*	ferry
la pagaie	*la pa-gay*	paddle
le canot	*le(r) ca-no*	canoe
la bouée	*la boo-ay*	buoy
le bateau à voile	*le(r) ba-toe a vwal*	sailboat
les rames	*lay ram*	oars
le marin	*le(r) mar-ra(n)*	sailor
le capitaine	*le(r) ca-pee-ten*	captain
le canot de sauvetage	*le(r) ca-no de(r) sov-taj*	lifeboat
le paquebot	*le(r) pack-bo*	ocean liner
le sous-marin	*le(r) soo-ma-ra(n)*	submarine
le remorqueur	*le(r) re(r)-mork-er*	tugboat
la côte	*la coat*	coast
le pétrolier	*le(r) pay-troll-ee-ay*	oil tanker
le hors-bord	*le(r) or-bor*	speedboat
la péniche	*la pay-neesh*	houseboat
le moteur hors-bord	*le mo-ter or-bor*	outboard motor
la sirène	*la see-ren*	fog horn
le phare	*le(r) far*	lighthouse
le navire	*le(r) na-veer*	naval ship
le gardien du phare	*le(r) gar-dee-a(n) dew far*	keeper

CARS AND TRUCKS
LES VOITURES ET LES CAMIONS

la bâche	*la bash*	tarpaulin
la voiture compacte	*la vwa-twer co(n)-pact*	compact car
le pare-chocs	*le(r) par-shock*	bumper
les feux anti-brouillard	*lay fe(r) a(n)-tee-broo-ee-ar*	fog lamps
le pare-brise	*le(r) par-breez*	windshield
le rétroviseur	*le(r) ray-tro-vee-zer*	rear view mirror
la plaque d'immatriculation	*la plak dim-ma-tree-cew-la-see-o(n)*	license plate
la camionnette	*la ca-mee-on-et*	pickup
la voiture de course	*la vwa-tewr de(r) course*	racing car
le camion de transport	*le(r) ca-mee-on de(r) tra(n)s-por*	transport truck
le tuyau d'échappement	*le(r) twee-yo day-shap-ma(n)*	exhaust pipe
les pneus	*lay pne(r)*	tires
la caravane motorisée	*la ca-ra-van mot-or-ee-zay*	motor home
les roues	*lay roo*	wheels
les phares	*lay far*	head lamps
le camion à benne basculante	*le(r) ca-mee-o(n) a ben bass-cew-la(n)t*	dump truck
le radiateur	*le(r) ra-dee-a-ter*	radiator

PLANES   LES AVIONS

la navette spatiale	*la na-vet spa-see-al*	space shuttle
le hangar	*le(r) a(n)-gar*	hangar
la tour de contrôle	*la tour de(r) co(n)-troll*	control tower
le terminal à radar	*le(r) tair-mee-nal a ra-dar*	radar terminal
le ballon dirigeable	*le(r) ba-lo(n) dee-ree-ja-bl*	blimp
l'empennage	*la(n)-pe(r)-naj*	tail
le gouvernail	*le(r) goo-vair-nie*	rudder
le planeur	*le(r) pla-ner*	hang glider
l'aire de lancement	*lair de(r) la(n)s-ma(n)*	launching pad
le moteur	*le(r) mo-ter*	engine
l'avion gros-porteur	*lav-yo(n) gro-por-ter*	jumbo jet
le pilote	*le(r) pee-lot*	pilot
le copilote	*le(r) co-pee-lot*	co-pilot
le contrôleur de la circulation aérienne	*le(r) co(n)-tro-ler de(r) la seer-cew-lass-yo(n) a-air-ee-en*	air traffic controller
le nez	*le(r) nay*	nose
l'avion supersonique	*lav-yo(n) soo-per-son-eek*	supersonic jet
la piste	*la peest*	runway
la verrière	*la vair-ee-air*	canopy
le chasseur à réaction	*le(r) sha-ser a ray-ak-seeo(n)*	jet fighter
le nez	*le(r) nay*	nose
le moteur	*le(r) mo-ter*	engine
le poste de pilotage	*le(r) post de(r) pee-lot-aj*	cockpit
le train d'atterrissage	*le(r) tra(n) da-tair-eece-aj*	landing gear
les volets	*lay vo-lay*	flaps
l'aile	*lel*	wing
le biplan	*le(r) bee-pla(n)*	biplane
l'hydravion	*leed-rav-yo(n)*	float plane
l'avion particulier	*l'av-yo(n) part-ee-cewl-ee-ay*	private jet
le membre d'équipage	*le(r) ma(n)-br day-kee-paj*	flight attendant
les pales du rotor	*lay pal dew ro-tor*	rotor blades
l'hélicoptère	*lay-lee-cop-tair*	helicopter

SCHOOL DAYS   À L'ÉCOLE

le crayon	*le(r) cray-o(n)*	pencil
le crayon-feutre	*le(r) cray-o(n) fe(r)-tr*	marker
la règle	*la ray-gl*	ruler
la gomme	*la gomm*	eraser
le stylo	*le(r) stee-lo*	pen
le ruban adhésif	*le(r) rew-ba(n) a-day-zeef*	tape
les crayons de couleur	*lay cray-o(n) de(r) coo-ler*	crayons
le porte-ruban	*le(r) por-te(r) rew-ba(n)*	tape holder
la colle	*la coll*	glue
l'agrafeuse	*la-graf-e(r)z*	stapler
les trombones	*lay tro(n)-bon*	paper clips
l'élève	*lay-layv*	student
le crayon	*le(r) cray-o(n)*	pencil
le globe	*le(r) glob*	globe
le pupitre	*le(r) pew-pee-tr*	desk
le compas	*le(r) co(n)-pa*	compass
le tableau noir	*le(r) tab-lo nwar*	blackboard

French	Pronunciation	English
l'alphabet	lal-fa-bay	alphabet
les nombres	lay no(n)-br	numbers
la règle	la ray-gl	pointer
l'institutrice	la(n)-stee-tew-treece	teacher
la brosse	la bross	chalk brush
la craie	la cray	chalk
le pinceau	le(r) pa(n)-so	paintbrush
la boîte de peintures	la bwat de(r) pa(n)-tewr	paints
les ciseaux	lay see-zo	scissors
les punaises	lay pew-nays	thumbtacks
le cahier	le(r) ca-ee-ay	notebook
le livre	le(r) lee-vr	textbook
le classeur	le(r) cla-ser	ring binder
le papier	le(r) pa-pee-ay	paper

PARTY TIME   C'EST LA FÊTE

French	Pronunciation	English
le costume de dragon	le(r) coss-tew-m de(r) dra-go(n)	dragon costume
le casque	le(r) cask	helmet
l'épée	lay-pay	sword
le roi	le(r) rwa	king
la reine	la ren	queen
la couronne	la coo-ron	crown
le bouclier	le(r) boo-clee-ay	shield
la sorcière	la sor-cee-air	witch
le perroquet	le(r) pay-rock-ay	parrot
le diable	le(r) de-abl	devil
le pirate	le(r) pee-rat	pirate
le monstre	le(r) mo(n)-str	monster
le viking	le(r) vee-king	viking
le masque	le(r) mask	mask
la hache	la ash	axe
l'indienne	la(n)-dee-a(n)	indian
le sorcier	le(r) sor-see-ay	wizard
la queue	la ke(r)	tail
les plumes	lay plewm	feathers
l'ange	la(n)j	angel
la baguette magique	la ba-get ma-jeek	wand
l'auréole	lor-ay-ol	halo
les banderoles	lay ba(n)-de(r)-rol	streamers
les ballons	lay bal-o(n)	balloons
la barbe	la barb	beard
le cowboy	le(r) cow-boy	cowboy
le chapeau	le(r) sha-po	hat
les ailes	lez-el	wings
le fantôme	le(r) fa(n)-tome	ghost
le punch	le po(n)-sh	punch
le vampire	le va(n)-peer	vampire
l'étui de revolver	lay-tew-ee de(r) ray-vol-vair	holster

SOUND SIGHT AND MOTION
LE SON, LA VUE ET LE MOUVEMENT

French	Pronunciation	English
le magnétoscope	le(r) ma-nee-ay-toss-cop	video cassette recorder
le magnétophone compact	le(r) ma -nee-ay-to-fon co(n)-pact	personal tape player
le casque	le(r) cask	headphones
le couvercle	le(r) coo-vair-cl	dust cover
le calculatrice	la cal-cew-lat-reece	calculator
le haut-parleur des fréquences élevées	le(r) o-par-ler day fray-ka(n) ce ay-le(r)-vay	tweeter
le haut-parleur des moyennes fréquences	le(r) o-par-ler day mwa-ee-en fray-ka(n)-ce	mid-range
le haut-parleur des basses fréquences	le(r) o-par-ler day bass fray ka(n)-ce	woofer
le meuble support	le(r) me(r)-bl sew-por	stereo stand
l'enceinte	la(n)-sa(n)t	speaker
le radio-cassette portatif	le(r) ra-dee-o cass-et por-ta-teef	portable stereo
l'amplificateur	la(n)-plee-fee-ka-ter	amplifier
la platine cassettes	la pla-teen cass-et	cassette deck
le correcteur	le(r) cor-ek-ter	equalizer
la pile	la peel	battery
le récepteur	le(r) ray-sep-ter	receiver
la platine disques	la pla-teen disk	turntable
le film	le(r) film	film
l'objectif	lob-jec-teef	lens
l'appareil de photo	la-pa-ray de(r) fo-toe	camera
l'ordinateur	lor-deen-at-er	computer
l'écran	lay-cra(n)	screen
l'écran de visuali-sation	lay-cra(n) de(r) vee-zew-a-lee-za-syo(n)	monitor

French	Pronunciation	English
l'unité de disque	lew-nee-tay de(r) disk	disk drive
le clavier	le(r) cla-vee-ay	keyboard
la manette de commande	la man-et de(r) com-a(n)d	joystick
la disquette	la disk-et	floppy disk
la commande à distance	la com-a(n)d a deece-sta(n)ce	remote control
l'antenne	la(n)-ten	antenna
les jouets télé-commandés	lay joo-ay tay-lay-com-a(n)-day	remote control toys
la caméra	la ca-may-ra	movie camera
le télescope	le(r) tay-lay-scop	telescope
le trépied	le(r) tray-pee-ay	tripod
les lunettes de moto	lay lew-net de(r) mo-toe	goggles
le casque de moto	le(r) cask de(r) mo-toe	crash helmet
le phare	le(r) far	head lamp
la moto tous terrains	la mo-toe too tair-a(n)	all-terrain cycle

ANIMALS   LES ANIMAUX

French	Pronunciation	English
l'ours	loorce	bear
le rhinocéros	le(r) ree-noss-ay-ros	rhinoceros
le singe	le(r) sa(n)j	monkey
la girafe	la jee-raff	giraffe
le singe	le(r) sa(n)j	monkey
le léopard	le(r) lay-op-ar	leopard
le tigre	le(r) tee-gr	tiger
le pingouin	le(r) pa(n)-gwa(n)	penguin
la loutre	la loo-tr	otter
le crocodile	le(r) crock-o-deel	crocodile
le serpent	le(r) sair-pa(n)	snake
la souris	la soo-ree	mouse
l'élan	lay-la(n)	moose
l'éléphant	lay-lay-fa(n)	elephant
le sanglier	le(r) sa(n)-glee-ay	wild pig

IN THE GARDEN   DANS LE JARDIN

French	Pronunciation	English
le cactus	le(r) cack-tew-ce	cactus
les champignons	lay sha(n)-peen-yo(n)	mushrooms
les roses	lay rose	roses
le tournesol	le(r) tour-ne(r)-sol	sunflower
l'engrais	la(n)-gray	fertilizer
le terreau	le(r) tair-o	potting soil
la jardinière	la jar-deen-ee-air	planter
la mante religieuse	la ma(n)t re(r)-lee-gee-e(r)z	praying mantis
l'abeille	la-bay	bee
le papillon de nuit	le(r) pa-pee-yo(n) de(r) noo-ee	moth
l'araignée	la-rayn-yay	spider
la toile d'araignée	la twal da-rayn-yay	spider web
le ver de terre	le(r) vair de(r) tair	inchworm
l'oiseau-mouche	lwa-zo-moosh	humming-bird
les pots de fleur	lay po de(r) fler	flower pots
la plante araignée	la pla(n)t a-rayn-yay	spider plants
le lierre	le(r) lee-air	vine
les tulipes	lay tew-lip	tulips
le pissenlit	le(r) pee-sa(n)-lee	dandelion
les oignons (bulbes)	lez-o(n)-yo(n) - (bew-lb)	bulbs
l'arroseuse	la-roe-ze(r)z	sprinkler
l'arrosoir	la-roe-zwar	watering can
la treille	la tray-ye(r)	trellis
les graines	lay grain	seeds
le papillon	le(r) pa-pee-yo(n)	butterfly
le filet à papillon	le(r) fee-lay a pa-pee-yo(n)	butterfly net
le lierre	le(r) lee-air	ivy
la sauterelle	la so-ter-el	grasshopper
la fougère	la foo-jair	fern
le volubilis	le(r) voll-ew-bee-leece	morning glory
le cocon	le(r) co-co(n)	cocoon
les fourmis	lay foor-mee	ants
le scarabée	le(r) ska-ra-bay	beetle
la coccinelle	la cock-see-nel	ladybug
l'escargot	les-car-go	snail
la mouche	la moosh	fly
les pétales	lay pay-tal	petals
la feuille	la fe(r)-ye(r)	leaf
la tige	la teej	stem